# AVIS SALUTAIRE

## SUR LA

# PUISSANCE

## DES ROIS,

## ET SUR LA

# LIBERTÉ

## DES PEUPLES.

R . *3062*
A.

A COLOGN
Chez PIERRE MARTEAU.

M. DC. LXXXVIII.

# AVIS SALUTAIRE
## SUR LA
# PUISSANCE
## DES ROIS,
### ET SUR LA
# LIBERTÉ
## DES PEUPLES.

*Reveillés-vous gens, qui tant dormés, & ne dormés pas si fort, qu'il ne vous souvienne de la mort.*

*Eveille toi, toi qui dors, & te reveille d'entre les morts, & Christ t'éclairera.*

C'EST à vous, Chrêtiens Reformés, que je m'adresse. C'est à vous generalement, soit que vous soiés de Paul,

Paul, d'Apollos, ou de Cephas, à vous, qui mangés de tout, à vous qui ne mangés, que des herbes, à vous tous, forts, ou foibles en la foi. Vous vous glorifiés que l'Eternel vous a tirés d'Egipte à main forte, & bras étendu, mais ne reste-t-il pas encore en vous quelque ombre des tenebres de cette terre maudite ? Vous vous vantés d'être fortis de l'esclavage de Babilon, mais n'avés-vous pas encore sur vous quelques tâches de sa corruption, & de ses abominations? Heureux ! & mille fois heureux ! s'il s'en trouvoit, qui fussent entierement purs & nets. Nous ne voions, & nous ne connoissons, qu'en partie, & le cœur de l'homme est desespérement malin. St. Pierre Judaïse, St. Paul circoncit, & Paul & Barnabas s'aigrissent.

Bien-loin donc de nous imaginer d'avoir ateint quelque perfection,

ction, nous dormons tous, les uns d'une maniere, les autres d'une autre, & ainſi nous avons tous beſoin de nous reveiller, & & de chercher à nous éclairer encore. Nous y avons d'autant plus d'interêt, que les enfans de ce ſiecle ſont beaucoup plus habiles, que nous, comme aiant la malignité en partage, au lieu que nous ne l'avons, que par accident, par les ſuggeſtions de Satan, de la chair, & du monde; & que particulierement en ce temps, cette Egipte, & cette Babilon ſpirituelle qui ſemble nous regarder encore comm'un bien de ſon heritage aux marques, qui nous reſtent d'elle, fait ſes derniers efforts, pour nous remettre dans ſes chaînes.

Comme l'Ecriture Sainte eſt, & doit être en éfet nôtre tout, étant uniquement la volonté de Dieu, qu'il nous a revelée, afin de nous y conformer; & que l'o-

beïſ-

beïſſance aux Rois, & Puiſſances ſuperieures nous y eſt expreſ-
ſement recommandée, nous fai-
ſons profeſſion de ſuivre cette
doctrine; neanmoins nous ſommes flotants, & le plus ſouvent
aveugles ſur cette matiere à nôtre perte & deſtruction. C'eſt
l'éfet de nos tenebres. C'eſt l'é-
fet de la corruption de nos
mœurs. Dieu permet à cauſe
de nos pechés, que nous ſoions
afligés, & que nous periſſions
ſouvent par une obeïſſance fauſ-
ſe & étourdie ſous pretexte de le
ſervir. C'eſt là aſſurement un
des plus grands caracteres de ſon
indignation, & de ſes juſtes jugemens. Ce qui nous doit encore faire fremir à de ſemblables
châtimens, c'eſt que nos ennemis, qui foulent aux piés tous
les ordres de Dieu là-deſſus, lors
qu'il eſt queſtion de faire valoir
leurs interêts, ont bien le front
de ſe ſervir de ces mêmes armes
con-

contre nous , pour nous faire
mieux tomber dans les pieges ,
qu'ils nous tendent ; & nous
donnons dans leur sens avec joie ,
bien que ce ne soit , qu'une espece d'abandon de nous - mêmes ,
procedant d'un zele indiscret , &
tout - à - fait contraire à la saine
obeïssance , que nous devons aux
commandemens de Dieu.

Il n'est point de maxime dans
le monde si veritable , que celle ,
qui nous aprend , que *in médio
consistit virtus.* Cette regle est
infaillible en tout & par tout. Il
n'en est point de plus commune ,
& il est peu d'enfans à qui les peres & meres n'aprenent dans
leurs plus tendres années , que
toutes les extrêmités sont vicieu-
ses & nuisibles. Cependant la
Roiauté est tellement regardée
dans le monde , qu'il est avis à la
plûpart même des plus habiles &
des plus sages , que c'est ici la
seule exception à nôtre regle , &

où

où il n'y a que des extrêmités à garder. C'est ici un torrent de corruption, & d'égaremens, cauſé ſans doute par l'excés general, ou de flaterie, ou d'averſion pour tout ce qui s'apelle Puiſſance Souveraine, & ſur tout Roiauté.

Le plus grand nombre d'entre nous ne s'embaraſſent, que de ſavoir, ſi leur Souverain, ou leur Roi porte le nom de Souverain, ou de Roi. Une telle conſideration ſuſit à leurs conſciences delicates, & mal inſtruites, pour leur faire dire d'abord. Il faut obeïr au Roi même pour la conſcience. L'Ecriture l'ordonne, Dieu le commande; ainſi il faut tout ſouſrir ſans murmurer, la perte des biens, la perte de ſon honneur, & la perte de ſa propre vie. Quelque injuſtice que faſſe un Roi, quand ce ſeroit le plus cruel tiran, qui ait jamais été, il faut ſe ſoûmettre à l'ordre que Dieu a établi, il vaut mieux mou-

mourir dans l'innocence, que de contrevenir. Si un Roi fait injuſtice, diſent-ils, Dieu ne manquera pas de le juger lui-même un jour, & de lui redemander le ſang innocent. Ils ne manquent pas d'alleguer l'exemple de Jeſus-Chriſt & des Apôtres, qui ont ſoufert ſi injuſtement juſques à la mort, & qui pourtant n'ont pas laiſſé de recommander cette même obeïſſance, a quoi ils ſe ſont aſſujettis agreablement.

Voilà ſans doute des raiſons puiſſantes. Voilà des exemples, qu'on ne peut contredire, quand on ſe trouve dans des cas juſtes, & légitimes, & dans la mediocrité, dont nous venons de parler, que Jeſus-Chriſt & ſes Apôtres ſavoient tres-bien aprendre aux autres, & pratiquer eux-mêmes. Mais helas! quel aveuglement, & quel coup épouvantable de la main de Dieu n'eſt-ce pas, quand de pauvres ames ſou-

A 5      frent

frent, & foufrent ce que le Demon peut inventer de plus execrable, fans fe trouver dans le même cas; & que les gens, à qui il tient de fe conferver, & qui ont le pouvoir legitime en main, pour fe garantir de tout, courent à la mort, & fe precipitent volontairement! Quelle eft l'ame fi endurcie qui ne doive être choquée à la confideration d'un femblable évenement, foit à regarder la conduite des bourreaux, l'abandon des malheureux qui endurent, ou le jufte jugement du Souverain du ciel & de la terre à permettre ces chofes aux uns & aux autres.

Mais encore, qui ne fremiroit à penfer feulement, que cette fotte foûmiffion, & obeïffance a produit en nos jours en France un monftre le plus afreux, qui ait jamais paru. Les Partifans de la Bête, qui pour la confervation ou agrandiffement de fon

regne écraſeroient un milion de
Têtes Couronnées , ſe ſont ici
tout-à-fait traveſtis , & ont joué
un perſonnage tout oppoſé. On
a vû des miliers de malheureux
ſéduits par leurs machinations
diaboliques à cet excés , que de
croire qu'il faloit obeïr au Roi ,
& s'y ſoûmettre juſques à la conſcience , & les ſentimens de l'a-
me , ſous pretexte de ce qu'il eſt
dit , qu'il faut obeïr au Roi non-
ſeulement pour la crainte , mais
pour la conſcience.

Par cet ordre voilà les Souverains & les Rois maîtres abſolus
des biens , du corps , & de l'ame.
Les voilà des Dieux en éfet ſur
terre , & St. Pierre eſt un extra-
vagant de dire , qu'il vaut mieux
obeïr à Dieu qu'aux hommes.
Obeïr au Roi non-ſeulement par
la crainte du châtiment , mais
parce encore que nous y ſommes
engagés en conſcience , & que
Dieu le veut en toutes les choſes

A 6              de

de son ressort, & selon la puissance, qui lui a été donnée, c'est là
une méchante explication de
l'Ecriture. Il faut obeïr en tout
& partout sans exception. Soiés
Juif, Turc, ou Barbare, sans
Dieu, & sans Religion au monde. Le Roi le veut, obeïssés,
cela vous sufit, & vous voilà sûrs
du Paradis, sans prejudice au
Roi des Rois de lui faire rendre
conte en son Jugement de ce
qu'il aura ou bien, ou mal fait.
Quel monstre n'est-ce pas là?
Quel prodige de sens renversé?
Quel abîme de tenebres? ô!
Eternel, que tes jugemens sont
incomprehensibles, & tes voies
dificiles à demêler.

Une autre grande partie du
general de nos Reformés tombe
dans l'autre extrêmité toute opo-
sée. Ce sont ceux qui sont le
plus animés de chair & de sang.
Ils conviennent de cette sainte
doctrine, que comme il nous a
été

été donné de croire en Christ, il nous a été aussi donné de soufrir pour lui. Ils l'enseignent, & ils la prêchent : mais lors qu'ils sont pressés à en venir à la soufrance efective, ils semblent renier cette même doctrine, & je ne sçai si en faisant profession de cette sainte verité, la parole de Dieu y étant expresse, ils ne la renient pas en éfet en leur cœur sans en avoir pourtant l'intention, & voici comment.

Quand on les interroge s'il ne faut pas se conformer à la pratique, & à l'exemple de Jesus-Christ, & de ses Apôtres, comme à leur doctrine, ils répondent qu'ouï. Si on leur demande si Jesus-Christ & ses Apôtres se sont jamais servis d'aucune voïe de fait & de violence, ils conuiennent, que non. Qu'on les presse encore si Jesus-Christ, & les Apôtres n'ont pas soufert volontairement, & s'ils ne se

A 7 font

font pas afujettis à Cefar, quoi que l'Empereur Romain ne fut maître de la Judée que par voie de Conquête, la verité les force à demeurer d'accord de tout ceci. Par ce moien voilà un Monarque bien qu'Ufurpateur, auquel Jefus-Chrift, & fes Apôtres demeurent afujettis, ils foufrent fous lui injuftement, fans murmure, fans contefter fon droit de juftice, fans fe fervir du pouvoir d'un milion d'Anges, qu'ils auroient pû faire defcendre du ciel pour leur délivrance, & pour l'établiffement de la doctrine, qu'ils prêchoient. Bien-loin de fe cantonner, & de fe mettre en défence, ils ne fongent pas feulement à troubler le moindre des ordres de juftice, qu'ils ont trouvés établis dans le monde; ils s'y foumettent au contraire agreàblement malgré toute la rage de leurs ennemis, aux dépens de leurs biens, de leur repos, de
leur

leur liberté, & de leur vie.

Faut-il maintenant en venir à l'obſervation de cette éclatante doctrine Chrêtienne, & de la pratique glorieuſe de leurs beaux exemples, qu'ils nous ont laiſſés? Voici nos gens, que l'Eſprit de Dieu abandonne d'abord, & qui ne ſe trouvent plus animés, que de l'Eſprit de la chair foible à vouloir ſe conſerver à quelque prix que ce ſoit. Ils s'égarent étrangement, & ne ſçavent plus à quoi s'en tenir. Leur langage ordinaire eſt, que tous les Rois dans leur commencement ont été établis par les peuples mêmes, ſous de certaines conditions favorables pour le gouvernement, & pour l'adminiſtration de la juſtice, à quoi les Rois, comme leurs peuples, ſont ſujets, ou qu'autrement ce ſont des Conquerans viölents, ou des vrais Uſurpateurs d'un pouvoir abſolu.

Sur

Sur ce principe ils raisonnent,
& pretendent, que les Rois
soient justes & équitables ; &
qu'autrement, sur tout s'ils ti-
rannisent pour les interêts de
Dieu, & de la conscience leurs
sujets, il leur est permis en ce
cas de resister aux Puissances, &
de les contraindre, s'ils le peuvent, à les traiter en sujets, &
non pas en esclaves. Tout cela
n'est que tenebres, & confusion,
une source de seditions perpe-
tuelles à bouleverser toute la terre, à moins que la chose se fasse
dans les cas justes & raisonnables,
comme nous les éclaircirons
bien-tôt.

Ces esprits chauds & charnels
oubliant ainsi l'humilité Chré-
tienne, & l'exactitude de Jesus,
& des Apôtres à ne pas troubler
l'ordre humain de la justice sous
quelque pretexte que ce soit,
à l'égard de son interêt particulier, portent la chose bien plus
loin.

loin. Ils difent, que la nature nous donne le droit, particulie-rement pour ce qui regarde la confervation de la vie, de tout pratiquer pour qu'elle ne nous foit pas ravie injuftement, & ne font pas façon de permettre à des gens pourfuivis, & condamnés pour des crimes, s'ils ne fe fen-tent point coupables, de fe le-ver contre leurs propres Juges, & de leur ravir la vie pour la con-fervation de la leur, quelques in-nocens que puiffent être ces Ju-ges de leur condamnation, qui peut fouvent plûtôt partir de la malignité, & des mauvaifes in-trigues des parties à corrompre des témoins, que de l'ignoran-ce, ou de l'iniquité des Juges. De femblables fentimens cho-quent fans doute les commande-mens de Dieu, qui défendent de tuër, & qui veulent qu'on foit fujet à tout ordre humain, au Roi, au uvern r, & aux au-

autres Juges subalternes, qui le representent.

On peut même dire, qu'ils sapent le plus auguste fondement de nôtre redemption, car enfin si un innocent étant condamné dans les formes ordinaires, est fondé à tuër, & renverser tous les ordres de la justice pour conserver sa vie innocente, s'il le peut, il se rend coupable lui-même de sa mort, s'il ne le fait pas. Et si la chose étoit ainsi, quelle conséquence blâphematoire les ennemis de Christ ne pourroient-ils pas tirer de sa mort, lui qui sans doute auroit pû se liberer de la main de ses Juges iniques, s'il l'eût voulu, comme il le declare lui-même, disant, que le Pere lui donneroit des Legïons d'Anges, si la chose n'eût pas dû se faire ainsi. Il y a plus, à cette seule parole, c'est moi, tout tombe à la renverse, & demeure immobile. Jesus se soûfoûmet donc, parce qu'il est homme, & qu'il lui étoit d'une necessité indispensable de s'asujettir aux ordres de la justice, que Dieu a bien voulu établir dans le monde, & rendre inviölables aux hommes.

L'écart que l'on prend ordinairement là-dessus, qu'il y a quelque chose de misteriéux, & d'incomprehensible dans la passion, que Jesus - Christ a souferte volontairement pour nôtre redemption, & que sa conduite en cela doit être plus adorée avec un profond silence, qu'elle ne doit être imitée, ce n'est là qu'un vain égarement, c'est raisonner selon la chair, & dans les tenebres d'un sens renversé. Les Apôtres l'ont suivi pas à pas, ils ont soufert tout comme lui, en prechant, qu'il faut rendre à Cesar ce qui appartient à Cesar, & à Dieu ce qui est à Dieu. Et quand on voudroit juger de l'exemple
des

des Apôtres, comme de celui
de Jesus-Christ, & y atacher
quelque caractere miraculeux à
ne pas devoir être tiré à conse-
quence, que peut-on dire de
tant de Martyrs de la primitive
Eglise, & des Siecles suivans,
qui étant nés, & vivant sous des
Monarques Idolâtres ont couru
avec joie au suplice pour le nom
de Christ, sans avoir jamais eu
la moindre pensée à troubler l'ordre de leurs Souverains pour la
conservation de leur vie.

Il est donc clair, & à moins
que de vouloir s'oposer à l'Esprit
de Dieu & à ses lumieres, il faut
demeurer convaincu, qu'il faut
être sujet aux Puissances supe-
rieures, qui sont établies de
Dieu, soufrir dans la même de-
pendance, que Jesus-Christ, ses
Apôtres, & ses Martyrs. Il n'y
a point de milieu à prendre là-
dessus, parce que c'est là precisement & absolument le milieu
ve-

veritable entre les deux extré-
mités vicieufes. Et de fait il eſt
tout viſible, qu'à s'écarter de ce
juſte temperament, & à ſuivre
le ſentiment que nous venons de
combatre, le don de ſoufrir pour
Chriſt degenere, & ſe reduit à
ne ſoufrir, que comme les criminels, & les ſcelerats, qui ne
ſoufrent, que parce qu'ils y ſont
forcés, & que la neceſſité les y
contraint. Eveille toi donc, toi
qui dors, & te releve d'entre les
morts & Chriſt t'éclairera.

On a beau s'écrier, qu'on ne
peut être que tres bien fondé,
lors que des Souverains & des
Rois portent la tyrannie à ce
point, que de viöler les droits
les plus ſacrés de la nature, &
ſur tout lors qu'ils ataquent la
liberté de la conſcience, & vont
inſulter Dieu juſques ſur ſon
Trône à lui ravir un bien & des
droits, qu'il s'eſt uniquement
reſervés ſur la terre. Qu'on ſou-
fre,

fre, dit-on, des injuſtices ordinaires, & qui ne font pas horreur? mais lors que des Rois de-
viennent des Serpents brûlants,
des Dragons de l'Abime, & des
Demons infernaux, que dit-on
en ce cas ? Non pas qu'il faille
avoir recours au bras de l'eſprit,
& non pas au bras de la chair, à
celui qui eſt le maître du cœur
des Rois, & qui les tourne la
part où il veut, comme nous
aprenons des Livres Sacrés, ce
qui témoigne même, que des
veritables ſujets ne peuvent
avoir d'autres armes pour leur
ſecours contre leurs Souvrains
abſolus, & ainſi établis de Dieu,
mais dans de ſemblables ocaſions,
diſent nos eſprits charnels &
aveugles, on peut lever le maſ-
que, ſe ſoûtraire, & ſe conſerver ſoi-même, & pour l'ame, &
pour le corps, parce qu'alors il
eſt cenſé, que Dieu a changé
l'ordre humain, qu'il avoit établi,

bli, le Roi n'étant plus Roi, mais un Monftre dans la nature.

Qu'on demande fur cela fi l'on peut faire mourir un tel Roi pour le bien du Peuple & de l'Eglife, c'eft ici, que n'étant pas Jefuites, on répond, que ce feroit une execration de falir fes mains du fang des Puiffances Souveraines établies de Dieu. Chofe étrange! qu'il foit permis de fe defendre des flames devorantes d'un Serpent brûlant, & que pourtant ce foit un crime de le tuer, que la nature produife des Monftres éfroïables, & que nous étant permis de leur couper les ongles, & rogner les dents pour ne pas en être endommagés, ce foit pour nous une neceffité indifpenfable de leur conferver la vie. C'eft ici veritablement le doigt de Dieu, il nous faut deciller les yeux. Nous ne fommes pas des nourriffons

fons de la Befte, qui nous plai-
fions à nous eniürer de fang, &
fur tout du fang des Rois, mais
nous fommes charnels, & en-
vironnés encore de bien de tenebres à ne pas bien comprendre les
Ecritures, & difcerner la veritable lumiere, qui nous éclaire.

Si nous avions bien examiné la
parole de Dieu fur le premier
des Rois d'Ifraël, qu'il a etablis
fur fon Peuple; & la conduite
de la providence à l'égard des
Rois des Payens, fur tout du
tems de nôtre Divin Sauveur,
qui ne fit pas dificulté de fe
foûmettre à leur puiffance, &
à leur juftice, de la même façon,
que s'il fût né fous la domination
d'un Roi, qui auroit été choifi
immediatement de la main de
Dieu fur fon Peuple, & facré
par fes Prophetes; nous ne nous
trouverions pas fi fort embaraffés
en des fentiments diferents;
nous ne tomberions pas dans de

ſi grandes extrêmités , particulierement dans celles qui viennent d'être repreſentées , qui
ſont ſi prejudiciäbles à nôtre repos , au ſalut de nos corps , & 
peut-être de nos ames , & qui en
même tems ſervent de rets , & de
pieges à nos plus cruëls ennemis,
pour nous enlacer , & nous porter par terre à nôtre confuſion,
& à nôtre ruïne , comme la choſe n'eſt arrivée, que trop ſouvent:
rets & pieges ſi funeſtes en nos
jours, & qui ſont encore ſi bien
tendus , qu'on ne s'en atend pas
moins, qu'une eſpece de miracle,
qui ſurprendra toute la terre , &
qui doit placer un de nos Souverains abſolus , ou ſe diſant tel,
dans les rangs , & ſur le Trône
des demi-Dieux d'aujourdhui.

Il eſt tems que nous en venions
à demêler ce Câös, dont la confuſion eſt ſi extrême, qu'à la ſim-
ple vûë il effraïe. Ces Rois établis de Dieu, dont nous venons

B        de

de parler, quelques hideux, & afreux, qu'ils puissent être, ne perdent pas pour cela leur qualité & leur pouvoir de Rois ; mais ce sont des Rois, que Dieu donne, & afermit dans les plus grandes fureurs de son indignation, s'il est permis de s'exprimer ainsi à la maniere des hommes. Ce sont autant de brasiers efroïables, que Dieu alume dans sa colere, pour consumer toutes les saletés de la terre, & y épurer son or ; & qui enfin à force de consumer, se consument eux-mêmes, & se reduisent à rien. Ainsi qui pourra se commettre à diminuer la force & le pouvoir de ces feux devorans, moins encore à les éteindre contre le gré, & la volonté expresse de Dieu, qui les autorise, & les établit. Il est constant même, que les Rois, qui sont proprement établis Rois, & Souverains absolus sur les Peuples, ne sont établis de la main

main de Dieu, que dans cette
vûë de servir d'instrument à sa
vengeance sur la terre contre les
Nations qui cherchent d'autres
Rois à les gouverner & les con-
duire, que le Roi des Rois, &
le Seigneur des Seigneurs. Voici comment Dieu parle à Samuël, lors qu'il fut question de
donner un Roi à Israël, qui le
demanda absolument pour être
gouverné comme les autres Peuples, & qui ne se contenta point
d'avoir Dieu pour pour son seul
Roi, comme il l'avoit été par le
passé. Dieu leur en donne un,
mais en sa colere, leur faisant
connoître la servitude, & l'esclavage, où ils aloient tomber, &
à quoi ils seroient assujettis, leur
declarant, que lors qu'ils vien-
droient à le reclamer, pour en
être delivrés, il ne les écoute-
roit point. Dieu lui-même
nous doit servir de guide ici dans
tous nos pas, ouvrons bien nos

yeux

yeux, & examinons de prés toutes ſes paroles : nous les trouvons au premier livre de Samuël, au Chapitre 8. v. 1. & ſuivans.

Et avint, que Samuël étant devenu vieux, il établit ſes fils, pour juger ſur Iſraël. Ils jugeoient en Beer-ſcebah ; mais ſes fils ne ſuivoient pas ſon train. Ils ſe detournoient aprés le gain deshonête. Ils prenoient des dons, & pervertiſoient le droit. C'eſt pourquoi tous les Anciens d'Iſraël s'aſſemblerent, & s'en vinrent vers Samuël en Rama. Ils lui dirent, voici, tu es devenu vieux, & tes fils ne ſuivent pas ton train. Maintenant établi ſur nous un Roi pour nous juger à la façon de toutes les Nations. Ces paroles deplurent à Samuël d'autant qu'ils avoient dit. Ordonne ſur nous un Roi pour nous juger, & Samuël fit requête à l'Eternel. Et l'Eternel dit à Samuël. Obei à la voix du Peuple en tout ce qu'ils te diront, car ils ne t'ont point

point rejetté, mais c'eſt moi, qu'ils
ont rejetté, afin que je ne regne
point ſur eux, ce qu'ils ont témoi-
gné par toutes les œuvres, qu'ils
ont faites depuis le jour, que je les
ai fait monter hors d'Egipte juſques
à ce jourdhui. Ils m'ont delaiſſé,
& ont ſervi d'autres Dieux. C'eſt
ainſi que te delaiſſant, & te rejet-
tant, c'eſt moi proprement qu'ils
delaiſſent, & qu'ils rejettent. Maintenant donc obeï à leur voix, ne
manque pas pourtant de leur prote-
ſter, & declarer, comment le Roi,
qui regnera ſur eux, les traitera.
Ainſi Samuël dit toutes les paroles de l'Eternel au Peuple, qui luï
avoit demandé un Roi. Il leur dit
donc. C'eſt ici le traitement que
vous fera le Roi, qui regnera ſur
vous. Il prendra vos fils, & les
ordonnera ſur ſes chariots, & parmi ſes gens de cheval, & ils cour-
ront devant ſon chariot. Il les
prendra auſſi pour les établir Gouverneurs ſur miliers, & Gouver-

neurs

neurs sur cinquantaines, pour faire son labourage , pour faire sa
moisson , & pour faire ses instrumens de guerre, & les instrumens
de ses chariots. Il prendra aussi
vos filles , pour en faire des par-
fumeuses , des cuisinieres , & des
boulangeres. Il prendra aussi vos
champs, vos vignes, & vos lieux,
où sont vos bons oliviers, & les
donnera à ses serviteurs. Il dime-
ra ce que vous aurés semé, & ce
que vous aurés vendangé, & le donnera à ses Eunuques, & à ses serviteurs. Il prendra vos serviteurs,
& vos servantes, & l'élite de vos
jeunes gens, & vos ânes, & les
emploiera à sa besogne. Il dime-
ra vos troupeaux , & enfin vous
serés ses esclaves. En ces jours-là
vous crierés à cause de vôtre Roi,
que vous vous serés choisi, & l'E-
ternel ne vous exaucera point. Or
le Peuple ne voulut point suivre le
conseil de Samuel, mais ils dirent,
non, il y aura un Roi sur nous.
Et

*Et nous auſſi ſerons comme toutes les Nations , & nôtre Roi nous ju-gera , & ſortira devant nous , & conduira nos guerres.* Samuël donc entendit toutes les paroles du Peu-ple & les redit, l'Eternel l'oïant. Et l'Eternel dit à Samuël. Obeï à leur voix , & leur établi un Roi. Les verſ. 12, 17, & 19, du Ch. 12. ſont encore tres importans à voir ſur cette matiere.

Voilà donc les Rois , verita-blement Rois, que Dieu a mis de ſa propre bouche à ſa place du conſentement des Peuples ſans reſtriction , modification , ni limitation de pouvoir, pour les juger & gouverner juſtement. Mais ce qui paroit terrible , les voilà auſſi , ſi je l'oſe dire , à la place des Demons avec le pou-voir de fouler , de ravager , de rendre eſclaves ces mêmes Peu-ples, ſans pouvoir ſe plaindre , & ſans qu'ils doivent s'atendre d'ê-tre écoutés , & pourquoi ? par-

ce

ce qu'ils n'ont pas fait aſſez d'état d'avoir Dieu ſeul pour leur Roi. Quel malheur, & quelle infortune n'eſt-ce donc pas pour ceux, qui comme les Enfans d'Iſraël ont demandé des Rois pour leurs Juges, & Conducteurs abſolus, & qui veritablement vivent ſous leur domination ! Mais quelle benediction, & quel éfet de l'amour de Dieu n'eſt-ce pas au contraire pour les Nations, les Contrées, & les Provinces, à qui le Ciel n'a pas fait ſentir ce coup de ſon indignation, qui ſe jugent & ſe gouvernent par elles-mêmes ſans reconnoître d'autre Roi & Souverain Monarque, que celui qui regne par deſſus tous les cieux, ſous l'ombre duquel elles ſe repoſent. Sur ce fondement, qui eſt inébranlable, puis qu'il a été poſé de la main de Dieu lui-même, quel empreſſement ne doit pas avoir chaque particulier, & chaque

Etat

Etat, à bien discerner, s'il vit
sous la malediction de la Roiauté, ou s'il a encore seulement
Dieu pour sa protection, & sa
conduite; & s'il se trouve dans
ce dernier & bienheureux état
de n'avoir pas encouru l'indignation du Ciel, jusques là, à s'y conserver inviolablement, & à veil-
ler sur toutes les demarches, que
le monde, & l'enfer pourroient
inventer, afin de les precipiter
dans l'esclavage?

Le Caractere de la Roiauté
pure & simple, & sans limitation, est si bien decrit pour les
Enfans d'Israël, que si chacune
des autres nations étoit reglée de
même, il ne faudroit pas balancer à conclurre, que toute la
terre étoit esclave de la puissance
des Rois à cause de la malediction du peché, & du peu de
confiance, que l'homme prend
en la providence, & en la sage
conduite de Dieu. Mais com-

me

me Dieu ne s'est pas communiqué aux Nations de la même façon, il faut voir comment il les a
tacitement reglées sur le modele
donné à Samuël le Prophete.
Nous avons en general de quatre
sortes de Roiauté, ou Souveraineté. Je mets au premier rang
la Roiauté, qui se forme du consentement, & à la requisition
même des Peuples, comme celle des Israëlites. Au second
rang la Roiauté par voie de Conquête. Au troisiéme rang celle
qui s'établit par des usurpations
insensibles des Rois établis même Rois absolus à certains
égards. Et au quatriéme rang
enfin la Roiauté mixte, qui est
atachée en partie aux Peuples,
& en partie aux Rois, qu'ils ont
élûs pour les gouverner.

Pour ce qui regarde la premiere espece, *volenti non fit injuria.*
Dés que les Peuples ont choisi un
Roi purement & simplement
sans

sans condition, pour les juger,
& les gouverner, le voilà par cet
ordre à la place de Dieu, Maître
de de la vie & des biens de ses
sujets, sans reserve, & sans exa-
men. Les Peuples sont esclaves.
Les paroles de Dieu sont formel-
les là-dessus, qu'un Roi soit juste, ou que ce soit un Tiran à
quelque degré de Tirannie, qu'il
quisse parvenir, *sic volo, sic jubeo, pro ratione voluntas*. Un Roi
ne doit rendre conte qu'à Dieu
seul. C'est au Roi à juger, & à
commander, & aux sujets à
obeïr sans raisonner, & sans murmurer pour tout ce qui peut regarder les biens & la vie. Ils
n'ont d'autre portion en partage,
que de soufrir patiemment dans
leurs disgraces, & avec resignation à la volonté de Dieu. Tout
ce qu'ils peuvent s'atendre, c'est
que leurs sanglots, & leurs lar-
mes, accompagnés de la prière,
pourront peut-être toucher de

B 6          com-

compaſſion les entrailles de la
miſericorde de Dieu à changer le
cœur de leur Roi. Je dis peut-
etre, car enfin Dieu, qui n'eſt
pas homme pour mentir, ni fils
de l'homme pour ſe repentir,
declare en ſon indignation. *En
ees jours-là vous criérés, & lamen-
terés à cauſe de vôtre Roi, que vous
vous ſerés choiſi, & l'Eternel ne
vous exaucera point.*

Loin donc d'ici toutes penſées
charnelles, & de l'amour propre. Ce n'eſt pas aux enfans de
Dieu qu'il apartient de ſe lever
contre des Puiſſances, que la
main de Dieu même a ainſi établies. Ce n'eſt pas là nôtre caractere. A Dieu ne plaiſe, que
nous entreprenions à ce point-
là, que de nous opoſer au bras
de l'Eternel, & que nous ſoions
ſi oſés, que de pretendre de lui
arracher la foudre d'entre les
mains, lors qu'il eſt prêt à la lan-
cer, & à écraſer des têtes crimi-
nelles.

nelles. C'eſt-là le propre du Dragon roux, de la Bête, & la grande Cité, qui bien loin de ſe rendre ſujette aux Puiſſances établies de Dieu, ſe dit Reine, prend domination ſur les Rois de la terre, & les rend ſes eſclaves. Nous ne devons pas lui enviër ce pretendu bonheur, à elle, ni à ſes ſupots. Les maximes des enfans de lumiere ſont tout opoſées à celles des enfans de tenebres. Nous avons ſecoüé le joug de cette Paillarde enjürée, nous devons nous laver de toutes ſes tâches de ſang, auſſi bien que de toutes les autres, dont elle nous avoit ſalis, & nous étant dépoüillés de ſes vieux haillons, les regarder toûjours à l'avenir avec une ſainte horreur. S'il eſt queſtion de ſoufrir juſques au ſang, alons y agreablement pour les interêts de nôtre conſcience, ſans avoir ſeulement la penſée de troubler l'ordre humain établi de

B 7       Dieu,

ieu, car qui refifte à la Puif-
ance, refifte à l'Ordonnance de
Dieu. C'eſt ainſi que nous ſoû-
mettant au Roi pour la vie, & 
gardant l'ame à Dieu, nous ſerons veritablement obeïſſans à
Dieu, & que nous rendrons
à Ceſar, ce qui eſt à Ceſar,
& à Dieu ce qui eſt à Dieu.

Ces belles paroles du Fils de
Dieu, rendés à Ceſar ce qui eſt
à Ceſar, & à Dieu ce qui eſt à
Dieu, nous conduiſent à l'exa-
men de la Roiauté par voïe de
Conquête, qui eſt celle du ſecond ordre. Comme il n'y a
point de dificulté, qu'un Roi
établi à la requiſition, & du conſentement des Peuples ſans nulle
reſerve, ni condition, ne ſoit
un Roi abſolu, & que les Peuples ne lui ſoient abſolument aſujettis, puis qu'il a pert à cet égard
de l'ordre exprés, & de la volonté de Dieu, *& vous lui ſerés eſcla-*
*ves*, dit l'Eternel ; ces paroles
du

du Fils de Dieu autorifent de même le pouvoir de Cefar, qui n'étoit qu'un Conquerant à l'égard de la Judée, comme à l'égard de bien d'autres Provinces, & Roïaumes. C'eft ainfi que Dieu fe plaît à tranfporter & changer les dominations, & les Puiffances pour gratifier les uns, & punir les autres, ou autrement felon le bon plaifir de fa volonté.

La Conquête des Enfans d'Ifraël de la terre promife, lors qu'ils fortirent du Païs d'Egipte, eft de cet ordre. Les Ifraëlites n'y avoient point d'autre droit, que la volonté de Dieu, qui leur voulut donner ce païs decoulant de lait & de miël, & mettre à l'interdit tous les Rois, & les Peuples, qui le poffedoient auparavant, pour les punir de leurs abominations. Cette Conquête étoit fans doute jufte & legitime. Dieu qui eft le maître abfolu du ciel, & de la terre, n'en difpo-
fe-

seroit-il pas à son plaisir, & selon
que sa justice le trouve à propos?
Dieu ne s'est pas expliqué de même en faveur de Cesar pour la
Conquête du même païs, parce
qu'il ne s'est communiqué ainsi
qu'à son Peuple d'Israël, qu'il s'é-
toit choisi par sa grace, & sa faveur particuliere. Neanmoins
d'une maniere tacite, sa dispensation en est la même, & l'ordre de sa volonté le même, outre qu'il avoit fait parler ses Prophetes, qui ont predit, que le
Sceptre viendroit à se departir de
Juda vers le tems de la venuë du
Scilo, le Messie, nôtre Sauveur
Jesus. Il a passé par la voie de
Conquête sous la domination des
Romains. L'établissement de la
puissance de Cesar n'est pas
moins legitime, que la Conquête de Josué, si l'on a égard à la
seule dispensation de la volonté
de Dieu, & aux jugemens se-
crets de sa providence. L'Empire,

pire, ou la Roiauté se rencontre ici d'une maniere absoluë sans condition, & sans reserve de la même façon qu'au choix des Israëlites de leur Roi.

C'est donc encore ici une espece de veritable Roiauté, qui asujettit les Peuples absolument & sans restriction, ni limitation pour les biens & pour la vie. L'Arrêt de condamnation, & du châtiment dû aux pechés d'Israël tient ici la place du consentement du Peuple, sans conter qu'ils l'avoient déja donné pour être asujettis à un Roi absolu; la terreur effroiable des armes d'un Conquerant la place des paroles de la colere, & de l'indignation de Dieu, que nous avons vûës dans le Prophete; & enfin la qualité d'Empire Romain les conditions de la servitude, & de la puissance de vie & de mort afectée à cette domination.

Mais sans qu'il faille tant raison-

fonner, il fufit de dire , que Je-
fus a reconnu lui - même toutes
ces chofes par fes paroles. Aprés
avoir dit, rendez à Cefar ce qui eft
à Cefar , & à Dieu ce qui eft à
Dieu, il dit à Pilate , tu n'au-
rois pas une telle puiffance fur
moi , fi elle ne t'étoit donnée
d'enhaut. Il blâme l'action de
Pierre toute pleine de zele, & de
fainte hardiefle qu'elle pût être
pour fa défence , & la blâme fi
fortement , qu'il lui dit, que qui
tuera par l'épée perira par l'épée.
Il porte même la chofe plus loin,
il condamne jufques au moindre
mal, jufqu'au plus petit domage, qu'on pût faire en refiftant à la
Puiffance , & repare celui que
Pierre avoit fait en coupant l'o-
reille à Malchus , il le guerit fur
le champ. Enfin il a tout félé
par fon propre fang , aiant foûmis fa vie toute innocente à la juftice , & à l'autorité de cette
Puiffance , quelque injufte , &
vio-

violente qu'elle peut être. Il ne
s'eſt reſervé que ſon Eſprit pour
ſon Pere celeſte, diſant dans ſes
derniers momens. *Pere je remets
mon eſprit entre tes mains.* C'eſt là
le ſecond ordre de la Roiauté legitime & abſoluë generalement
reçüë par le droit des gens, &
que Dieu lui - même aprouve &
autoriſe.

Il n'en eſt pas de même de la
Roiauté, que nous avons miſe
au troiſiéme rang, & moins encore de la quatriéme & derniere
eſpece. Les Princes, ou autres,
qui s'en trouvent revetus, n'ont
qu'un pouvoir limité du Peuple,
& par conſequent on ne leur eſt
pas aſſujetti au delà des bornes
preſcrites. L'autorité & la puiſſance ſont atachées au Peuple, &
il n'en eſt depouillé qu'autant
qu'il s'en depouille lui - même.
Dieu même demanda par exprés
ſon conſentement, & ne l'aſſujet-
tit que de la maniere qu'il le vou-
lût

lût bien être, aprés avoir bien compris le tout. CesRois ne sont pas proprement & absolument Rois,& le plus souvent ne le sont point du tout, & n'en ont que le nom. C'est ce que l'on doit proprement apeler des Tyrans, lors qu'ils s'élevent à l'autorité supreme. Examinons ces deux sortes de Roiauté l'une aprés l'autre, pour en avoir une idée plus claire & distincte.

J'entends par la Roiauté du troisiéme rang les Rois, qui peuvent avoir veritablement la qualité de Rois sur certains Peuples de leur domination, qui les ont choisis purement & simplement pour leurs Rois sans nulle condition, ni reserve, à l'exemple des Enfans d'Israël leur Roi Saul; ou qui autrement les ont asujettis par voye de conquête: mais qui aussi regnent sur d'autres Nations avec le même pouvoir & autorité, bien

bien qu'à l'égard de celles-ci, ils ne foient que de fimples Souverains dependans à certains égards de leurs Peuples, comme les Peuples le font d'eux en d'autres ; & que quelquefois même ils n'aient que la fimple qualité de Gouverneurs , de Generaux, ou de Comtes. Ces Rois Idolatres de leur autorité, & foufrant impatiemment, que tous ceux, qui font profeffion de leur obeïr, & de fe foûmettre à leurs ordres, ne vivent pas fous une même loi, & ne foient pas également leurs efclaves, fe fervent de mille ftratagemes diäboliques, & mille & mille fineffes infernales pour endormir les Peuples, & leur mettre enfin le pied fur la gorge avec tant de fureté, qu'il ne tienne qu'à eux de les écrafer, fi bon leur femble. Ils divifent les uns, ils afoibliffent les autres. Ils engraiffent les méchants , ils égorgent les gens

gens de bien. Ils pillent & rava-
gent, & enfin gagnent par la
force & la violence, ce que le
feul choix volontaire, le con-
fentement des Peuples, où les
feuls droits de conquête leur ac-
cordent ; du moins n'avons nous
point d'exemple d'autorité fupreme, que Dieu ait aprouvée &
autorifée en d'autres cas. Tout
ce qui fe pratique au delà pour y
parvenir, tout cela n'eft qu'un
pur brigandage, que Dieu permet à la verité pour le peché des
hommes, mais qui ne lie pas les
Peuples à une obeïffance aveugle, & pour la confcience. On
foufre fous de telles Puiffances la
perte des biens, les embraffe-
mens, la mort, & les maffacres,
comme on foufre les voleries, les
incendies, les meurtres, & les
affafins, qu'on ne peut éviter.

Un innocent, qui eft envi-
ronné au coin d'un bois par une
troupe de voleurs, quelque bien
armé

armé qu'il puisse être, se laissera
trousser & lier sans resistance, &
je ne sai s'il ne sera pas mieux,
si l'on entreprend sur sa vie, de
soufrir la mort avec resignation à
la volonté de Dieu sans defence,
que d'entreprendre autrement
de faire perir quelqu'un des
assassins, voiant que ni plus ni
moins sa perte est inévitable. Le
même peut arriver à une Com-
munauté, & à une Province toute entiere. Lors que des Peuples
sont afligés de cette sorte, que
leur Souverain à certains égards,
& qui doit dependre d'eux par
leurs traités à d'autres égards,
abuse du pouvoir qu'on lui a
donné, & qu'aprés avoir usurpé
l'autorité Souveraine, il pille,
tuë, & massacre sous pretexte
de desobeïssance, de Religion,
ou sous quelque autre pretexte
que ce puisse être au delà des
traités, conditions, ou coûtumes établies entre lui, & les
Peu-

Peuples, il eſt ſans doute de la prudence & de la ſageſſe de ceder à la force, & les bons Chrêtiens doivent bien plûtôt ſoufrir la mort patiemment lors qu'elle eſt inévitable, que de mourir avec la ſatisfaction charnelle de cauſer du moins en mourant quelque dommage à leurs Tyrans, quoi qu'il ſemble que cette voie ſeroit en quelque façon juſte & legitime, n'étoit que l'humilité Chrêtienne y reſiſte, qui veut que nous épargnions, que nous aimions, & que nous beniſſions ceux qui nous haiſſent & nous perſecutent. Mais auſſi, comme l'on ne manque pas de prendre l'ocaſion par les cheveux dés qu'on en à le pouvoir, à ſe ſaiſir des voleurs, & des brigands, & à leur faire ſentir la punition dûë à leurs crimes, rien de plus juſte & legitime à des Peuples, que d'en uſer de même envers leurs Tyrans. Il ſont

tres

tres-bien fondés alors de dire qu'ils ne veulent plus de tels Juges, de tels Gouverneurs infideles, & corrompus; qu'ils les retranchent, ils le peuvent sans doute, même avec plus de raison, que les Enfans d'Israël, à dire à Samuël, nous ne voulons plus tes fils pour Juges, parce qu'ils se sont detournés après le gain deshonête, après les presens, & qu'ils pervertissent le droit. C'étoit là la seule plainte de ce Peuple contre ses Juges, qui furent retranchés, & ici il y a bien plus, puis qu'il s'agit des Tyrans, qui non-seulement pervertissent les droits établis, mais usurpent l'autorité supreme, rendent les peuples esclaves, les depouillent, les égorgent, & s'enyvrent de leur sang.

Il est constant même, qu'il n'y a ici ni tems, ni prescription, ni serment de fidelité de quelque maniere qu'il puisse être con-

C                                            ceu,

ceu, qui puissent mettre un Tyran à couvert de son crime de
foi viölée. J'interpelle la bonne
foi des Jurisconsultes même les
plus relachés. Ils conviendront
sans doute que tandis que la
force, & la contrainte subsiste,
il n'y peut avoir de temps qui
puisse profiter à un Usurpateur,
fut il de mille ans ou d'avantage,
parce que tandis que la force du-
re & se continue, elle n'est con-
siderée, que comme un seul &
même acte, & qu'il n'y a point
de negligence, qui puisse pre-
judicier, ni ressentir de la
moindre aprobation tacite, que
depuis le moment qu'on est li-
bre, & en pouvoir de faire valoir ses droits, qui ont demeuré
comme cachés & en suspens sous
le regne de la viölence.

Mais encore ces mêmes Ty-
rans nous aprenent par leur propre exemple, & par leurs loix,
qu'ils tiennent pour les plus in-
viöla-

viölables, qu'il n'y peut avoir
de prescription en de semblables
cas. Ils n'ont point des loix &
des constitutions plus fermes,
que celles, qui regardent leurs
Seigneurs mediats envers leurs
soûmis. C'est là que nous voions,
qu'en tout tems des soûmis sont
relevés de toutes les usurpations,
que leurs Seigneurs ont faites
sur eux au prejudice des Titres
primordiaux passés entr'eux,
ou des Coûtumes observées
d'ancieneté. Quand des soûmis auroient fait cent recon-
noissances l'une aprés l'autre en
divers tems de certains droits
usurpés, s'ils peuvent faire apa-
roître d'une reconnoissance plus
ancienne, ou autré preuve,
comme auparavant il n'en étoit
pas de même, & qu'ils n'étoient
pas tenus à de pareilles choses,
tout est remis au premier état,
& le Seigneur & les soûmis sont
incontestablement reiglés sur la

plus

plus ancienne pratique, ou inftitution qui paroit, comme étant ce qu'il y a de plus pur. Il eft certain même que les Seigneurs fur des femblables difcuffions font infailliblement condamnés à la reftitution de ce qu'ils ont pris mal-à-propos, & à reparer le domage, qu'ils ont caufé à leurs foûmis. C'eft-ce qui regarde le civil, & l'interêt pecuniaire.

Si d'ailleurs les Seigneurs viennent à maltraiter leurs foûmis, foit en leur honneur, ou en leurs perfonnes au delà de ce à quoi ils fe font afujettis par leurs Traités, ou par les Coûtumes d'inféodation, & de foi & hommage, il n'y a rien de plus ordinaire, que de les voir liberer de tout fief, & foûmiffion, & fouvent même l'on voit les Seigneurs punis en leurs propres perfonnes felon l'exigence du cas, & la gravité des crimes qu'ils

ont

ont commis contre leurs soûmis,
Je ne m'arrête point à raporter
des exemples , & des decisions
de cette verité, parce qu'elle est
connue de toute la terre.

Voudra-t-on dire qu'il y a de
la difference entre des Seigneurs mediats & des Souverains. Il n'y en a nulle, que celle
qui se trouve dans leurs degrez
d'élevation, & en ce que les
Seigneurs mediats doivent être
jugez par leurs Superieurs, au
lieu que c'est aux Peuples eux-
mêmes à faire le procez à ceux
qu'ils ont choisis & établis sur
eux. Car autrement comme les
soûmis sont obligés à de certains
devoirs envers leurs Seigneurs,
& que les Seigneurs reciproque-
ment doivent executer ce à quoi
ils se sont engagés en faveur de
leurs soûmis, il en est de même
des Rois & Souverains de l'espece dont nous parlons envers
leurs sujets, les Rois & Souve-
C 3                          rains

rains ne font pas moins obligés à garder ce qu'ils ont promis à leurs fujets, que les fujets le font envers eux, les mêmes liens les engagent, des conditions mutuelles, & des ferments reciproques de part & d'autre. Je ne fai même fi à comparer de tels Rois & de tels fujets à des fociëtaires, qui s'uniffent pour leur interêt commun, cette comparaifon ne cloche pas trop, car enfin les fociëtés s'établiffent entre des perfonnes libres & independantes les unes des autres, au lieu que de tels Rois avant leur inftalation ne font que des membres des Peuples, & par confequent dependants d'eux comme un membre l'eft inconteftablement de tout un corps.

Ces Rois & Souverains font bien plus proprement des Maîtres d'Hôtel, à parler à la maniere de l'Ecriture Sainte, des Gouverneurs ou des Vice-Rois, fujets

fujets à rendre conte de leurs
malverfations quelque grand
pouvoir, & quelque grande autorité, qu'ils ayent pû recevoir
des Peuples, ou de ceux qu'ils
protegent. On peut même dire
fans balancer, que des qu'ils
agiffent au delà de la volonté de
ceux qui les ont ainfi élevés, leur
pouvoir cefle, & que tout ce
qu'ils font eft de nul éfet & valeur. S'ils paffent plus loin, &
qu'ils foient affez ofés que d'abu-
fer de leur pouvoir en violant
leur foi, ils foulent aux pieds les
Peuples pour s'emparer de l'autorité fupreme, ils peuvent bien
les fouler & les écrafer, s'ils ont
gagné le deffus, mais que doit-
on penfer d'une telle entrepri-
fe ? fi des infideles de cet ordre peuvent être reduits, quel
eft le fuplice, qui puiffe avoir
quelque proportion à une perfidie de ce caractere ?

On ne fauroit mieux depein-
C 4          dre

dre l'horreur d'un telle infideli-
té, que par l'exemple du fils de
perdition. Il a receu un pouvoir
limité de Dieu, les reigles en
font prescrites dans les écrits des
Prophetes, des Evangelistes,
& des Apôtres, qui nous aprenent que nul ne doit presumer
outre ce qui est écrit. Cependant qu'a-t-il fait? il a presumé
outre la volonté de Dieu en y
ajoûtant, il a presumé de la changer à certains égards, & l'a ren-
versée à d'autres sous des pretex-
ces speciëux. Enfin il s'en est
pris à Dieu lui-même sur son
Trône s'emparant de l'autorité
supreme. Il est assis au Temple
de Dieu comme s'il étoit Dieu.
Si on l'en croit le voilà au-dessus
de toutes les Puissances de la
terre en quelque autorité qu'elles soient, le voilà le Maître absolu de la destinée des vivants,
pour la terre, & des morts pour
le ciel. Mais aussi quels terribles
juge-

jugements, Dieu ne prononce-t-il pas contre cette Puissance hideuse.

Le monde n'a jamais produit des Idoles qui eussent plus de raport. Aussi comme elles ont les mêmes maximes chacune selon ses veuës, & que la vanité & l'orgueil les anime également, elles se trouvent presque toûjours de tres-bonne union pour engloutir, tout ce qui s'opose à leurs desseins, & qui refuse de pliër le genoux devant elles. Le fils de perdition semble avoir particulierement sa domination sur les ames & sur le ciel, mais comme c'est un Dieu insatiable, & le Dieu dominant du Siecle, il pretend le premier rang pour le ciel & sur la terre; d'être regardé comme le Grand Jupiter, & que les autres ne soient que des demi Dieux; & de fait il leur tient le pied sur la gorge, & ils sont forcés à lui donner

C 5        toute

toute leur puiſſance. Les Tyrans, qui ſe vantent d'être principalement des Dieux ſur terre,
& qui ſemblent abandonner au
fils de perdition toute l'autorité,
qui regarde le ciel, ne laiſſent
pas par le bon concert qui ſe
trouve entr'eux de prendre en
main cette autorité ſelon que
leurs interêts le demandent. Ils
dominent à leur tour ſur les conſciences, & les ames de leurs
ſujets, ils les génent, & les
mettent à la torture. On les
voit quelquefois s'échaper à faire la loi à leur commun Maître, ſi fort la paſſion viölente à
dominer eſt de leur goût. Il ne
reſte à toutes les Puiſſances,
qu'à monter dans le Ciel pour
depoſſeder Dieu lui-même, &
l'arracher de deſſus ſon Trône.

C'eſt là le caractere de nos
Rois limités & de nos Tyrans.
Aprés toutes ces conſiderations,
qui

qui fautent aux yeux, & qui nous
font toucher au doigt, que bien
loin que Dieu les ait établis
pour regner abſolument ſur
leurs Peuples, comme les Rois
des deux premiers ordres, ils
ſont au contraire & demeurent
aſujettis eux-mêmes à la juſtice
de ceux, qui les ont élûs, &
inſtalés, qui pourra ſe diſpenſer de les regarder avec horreur ? Et qui ſera l'eſprit aſſez
foible, pour ne pas ſe faire un
plaiſir à ſe liberer de leur eſclavage, & à courir avec empreſſement aux moyens de leur faire
ſentir les peines deuës à leur
perfidie, & à leur tyrannie.
C'eſt ici la veritable lumiere à
réveiller les eſprits ſimples, &
abuſés, qui par le défaut de ſavoir diſtinguer les Puiſſances
établies de Dieu dans un degré
d'autorité abſolue, d'avec celles
qui ne le ſont pas, tombent
dans le malheur de ſe precipiter

aveu-

aveuglement à la mort par une fausse obeïssance. C'est à quoi chacun doit bien meurement penser. Obeïr à Dieu quand il l'ordonne, & soufrir jusques au sang, c'est le comble de la felicité, mais obeïr où il ne commande pas, c'est un pur aveuglement; & soufrir la mort, où bien loin de nous ordonner de mourir patiëmment, il nous ordonne de vivre pour sa gloire, & pour le bien de son Eglise, c'est abandon de soi-même, c'est malediction. Soit donc que nous vivions, ou que nous mourions, uivons & mourons, mais que se soit au Seigneur, & selon sa parole.

C'est déja l'éfet d'une indignation particuliere de Dieu, que d'assujettir des Peuples à un Roi absolu, lors qu'ils ne font pas le cas qu'ils doivent, de vivre sous la conduite de Dieu seul, qui est le Roi de toute

toute la terre. Quelle malediction du ciel n'eſt ce point, quand il permet que l'on tombe ſous la domination d'un Tyran? Mais de quelles fraïeurs ne doit-on pas être ſaiſi à la conſideration de tomber dans les chaines d'un Tyran du corps, & de l'ame? Les exemples en ſont ſi preſents, & ſi ſenſibles à nos yeux, que ceux que Dieu a bien voulu en preſerver juſqu'ici, ne doivent rien avoir à cœur, qu'à éviter qu'un ſemblable coup de foudre ne vienne jamais à tomber ſur leur tête. C'eſt ici la benediction toute ſinguliere des Hollandois, c'eſt ici leur gloire, c'eſt ici leur triömphe. Dieu a été leur Roi depuis que le monde fut fait. Jamais ils n'en ont demandé d'autre. Ils ſont diſtingués en cela par-deſſus les Iſraëlites: auſſi jamais Dieu n'a permis que nul conquerant, les ait

C 7                     ſoûmis

soûmis à une domination abſoluë.

Il eſt vrai qu'ils ont eu le mal
heur de tomber entre les mains
des Princes de Bourgogne, qui
ont taſché inſenſiblement de
gagner quelque degré à parvenir à la Souveraineté, & à la domination abſolue ; & particulierement entre les mains de
Charles - Quint, & de Philipe
ſon fils, qui ſe ſont fait un
point d'honneur de regner ſur
eux, comme ſur tous leurs autres ſujets ; ſur tout Philipe, qui
n'avoit pas moins en veuë que
de conquerir toute l'Europe, &
de qui l'ambition & l'orgueil
n'auroient pas été ſatisfaits avec
l'Empire de l'Univers. Mais
quelques artifices, & quelques
ſtratagemes de cruäuté, que
ces Puiſſances ayent ſû, pro-
duire & mettre en œuvre pour
arriver à leurs fins, ils n'ont jamais eu d'autre Titre, que celui
de

de Comtes de Hollande. Leur
pouvoir a toûjours été si fort limité, qu'il se verifie encore aujourdhui de leurs Archives, que
si leurs Comtes venoient à ordonner, ou commander quoi
que ce fut au delà du pouvoir,
qui leur étoit acordé, ils ne seroient pas tenus de leur obeïr.
Pour desabuser les esprits sim-
ples, & trop aveugles dans
l'obeïssance deuë aux Rois, &
confondre les fous, & évapo-
rés, qui traitent les Hollandois
de Rebelles, il ne sera pas mal-
à-propos de faire mention ici
de quelques points, qui se re-
cueillent des écrits passez avec
Marie de Bourgogne, & d'autres, & particulierement du
Serment presté en 1555. par le
Roi Philipe dernier Comte de
Hollande, inseré au cinquiéme
Journal de Jean de Dam Gre-
fier de la Cour de Hollande,
p. 45.

C'est

C'eſt là que l'on voit 1. que le Comte ne pourroit point prendre d'homme ſans le gré, & le conſentement des Etats. 2. Que les charges ordinaires du Païs ne pourroient être données qu'aux Habitans. 3. Que les Etats pourroient s'aſſembler à leur plaiſir & volonté, ſans être tenus d'en demander la permiſſion au Comte. 4. Que nulle ſorte d'impoſitions, ou gabeles ne pourroient être faites, ni qui que ce fut être afranchi des anciennes, que par l'autorité des Etats. 5. Qu'il ne ſe feroit point de guerre ſans meure deliberation des Etats. 6. Que le Comte ſe ſerviroit de la Langue Flamande dans ſes depeches. 7. Que la monnoïe ſeroit établie par le Prince, ou changée ſelon que les Etats le jugeroient à propos. 8. Que le Comte ne pourroit aliener les biens de ſa Comté.

té. 9. Que l'Assemblée des Etats ne pourroit être fixée & arrestée, que dans le Païs. 10. Que quand le Comte auroit besoin de quelque secours, de quelque levée d'argent, il ne le pourroit demander par une personne interposée, mais qu'il le demanderoit lui-même. 11. Qu'il feroit maintenir la Justice par les Juges établis pour cela. 12. Que les Loix ancienes, Privileges, & Statuts, seroient & demeureroient inviolables, & que si le Prince venoit à ordonner quelque chose de contraire, & qui y derogeât, on ne feroit nullement obligé de s'y conformer.

Se peut-il rien voir de plus fort pour la conservation de la liberté? Envisageons maintenant l'atentat d'un Successeur héreditaire de ces Comtes de Hollande? Jettons un peu les yeux sur Philipe, & le Duc d'Albe

d'Albe nageans fur une mer de
fang au milieu des Peuples,
qui n'ont établi une Puiffance
fur eux, que fous la foi de telles
conditions? Examinons de prés
toutes les inventions infernales
de ce Comte, qui veut s'eriger
en Roi abfolu du corps & de
l'ame de fes fujets pretendus?
Certainement l'horreur en eft
fi grande, que quand ce Roi
auroit été établi comme Saul,
ou comme Cefar, il y auroit
lieu de juger que Dieu fe feroit
fait un plaifir pour fa gloire, &
pour faire éclater d'autant plus
fa toute-Puiffance, de retirer
ainfi par une voye extraördinai-
re & merveilleufe des Peuples
afligés, de la gueule d'un Monftre fi effroïable dans l'ordre humain. Mais bien-loin que les
Hollandois fe foient trouvés
dans ces termes, & liés à ce point
à une Puiffance Souveraine, les
voilà libres à ne pas devoir
obeïr

obeïr à leur Prince au delà de ce
à quoi ils se sont soûmis, & en
état de pouvoir reprimer ses ex-
ces. Qui pourra donc trouver
étrange qu'ils ayent degradé,
& foulé aux pieds leur Tyran,
disant comme les enfans d'Israël,
nous ne voulons plus de tels Juges, & de tels Conducteurs, qui
pervertissent nos droits. Bien-
loin, qu'il y ait dans leur procedé quelque chose, qui cloche
& qui puisse faire la moindre peine, il n'y a point de dificulté, que
si Dieu eut permis, qu'il fut tom-
bé lui-même en leur puissance,
ils n'eussent été fondés à lui faire le procez dans les formes; &
à faire sentir à cette tête crimi-
nelle quelque Couronne legitime, qu'elle pût porter d'ailleurs,
la punition deuë à sa perfidie, à
sa foi viölée, & à tant de sang
repandu.

Voilà leur Tyran à bas, &
plût à Dieu, qu'il en fût de même

me du fils de perdition, de ce grand Chef des Tyrans, à l'exemple de qui tous les autres se reglent, & qui ne regne encore que trop sur eux. Plût à Dieu, que sa marque en fut entierement éfacée, que toutes les Idoles de cette Bête de l'Abime, de cette grande Paillarde Mere des abominations y fussent entierément abatuës, & que l'on n'y vit plus ce grand nombre de lieux *in Roma* de tous ordres. Ils n'auroient rien plus à craindre du fils aîné de cette fameuse cité, de ce Dragon, de ce Serpent brûlant, qui ne cerche qu'une ocasion favorable à pouvoir les embraser & les consumer, & qui l'auroit déja fait infailliblement, si le Ciel ne s'en fut mêlé, & n'eut fait tant de merveilles pour les arracher de sa gueule flamboiante.

Il seroit du moins à souhaiter, que pour ne pas abuser de tant

de

de faveurs, & ne pas faire changer les châtiments de Dieu en
punition, & en des exemples
de sa colere, le Magistrat, le
Souverain parut en quelque façon innocent à cet égard, à ne
pas donner les mains à de telles
abominations. Il n'est pas au
pouvoir des hommes de former
un état, où il n'y ait des esprits
gâtés & des mœurs corrompus;
aussi Dieu ne chatie pas en son
indignation le general pour le
peché des particuliers, ce n'est
pas là ce en quoi ils manquent
devant Dieu, ses enfants & ses
élûs y fleurissent sans doute,
c'est ce qui fait que Dieu conser-
ve ce Païs, le protege, & y fait
descendre si abondamment la
rosée de sa grace, & de ses be-
nedictions de tant de manieres
surprenantes, & miraculeuses.
Mais Dieu ne murmure-t-il pas,
& ne se plaint-il point en secret,
à se faire sentir jusqu'au dernier
repli

repli des ames, de ce que la grande Paillarde s'y fait voir encore en montre ornée & parée de tous ses beaux atours. Elle n'y regne pas à la verité generalement, & absolument en Titre comme chez elle, mais toutes les abominations de sa paillardise & corporelle & spirituelle, n'y sont pas pour cela moins publiques. Qu'elle paillarde à la bonne heure, on ne sauroit l'empêcher, comme on ne sauroit éviter, que le Demon, qu'elle a pour Pere, ne se fourre par tout jusqu'aux lieux les plus Saints, mais qu'elle cache comme lui ses infamies, & que les ames des gens de bien n'en soient pas si scandaleusement outrées, & Dieu si visiblement outragé. C'est ainsi que ces bien-heureux Etats verroient redoubler les merveilles de Dieu en leur faveur. C'est ainsi qu'ils se reposeroient en sureté entre les bras

de

de leur Roi des Rois, & qu'ils
vivroient doucement & tran-
quillement dans leur glorieux
gouvernement jufqu'à la con-
fommation des Siecles, à l'abri
de la fervitude des Rois, de
l'efclavage des Tyrans, & des
infultes de leurs ennemis les
plus redoutables.

Le fameux exemple des Hollandois acheve d'éclaircir à quel
point eft pitoïable l'obeïffance
aveugle, que l'on pretend être
deuë à des Rois, qui n'ont
qu'un pouvoir limité à l'égard
de certains Peuples. Si du tems
des violences & des inhumanités
de Philipe Roi d'Efpagne, on
s'étoit avifé de prêcher aux Hollandois l'exemple de Jefus-
Chrift, des Apôtres, & d'une
infinité de Martyrs, & de leur
dire, qu'il faloit obeïr, & s'a-
fujettir aux Puiffances Supe-
rieures, & qu'ainfi on ne pou-
voit s'opofer aux ordres du Roi
fans

sans blesser la conscience, quelle
sorte d'obeïssance auroit-ce été?
Je l'ai dit, & le repete encore,
& la chose ne sauroit être assez
repetée pour des milions de
personnes, qui se trouvent dans
le même cas, & que l'esprit d'é-
tourdissement empêche de se
reveiller, & de songer aux
voyes de reprendre leur liberté,
lors qu'il plaira à Dieu de leur
en donner le pouvoir & les
moïens. Qu'auroit ce été? qu'a-
veuglement, abandon de soi-
même, une fausse obeïssance, &
malediction du Ciel? Quelle
difference entre une semblable
conduite, & celle des gens qui
étant sur le bord d'un precipice,
aimeroient mieux se laisser aler
au penchant, que de s'en retirer, bien qu'ils le puissent faire? N'est-ce pas precisement
preferer la mort de la main de
ses concitoyens, qui ne sont que
des scélerats & des brigands, que
de

de vouloir faire quelques éforts par des voïes legitimes à conserver sa vie ? L'interêt public aussi bien que l'interêt propre ne demande-t-il pas absolument, que l'on expose tout ce que l'on a de plus precieux au monde jusques au sang même, pour surprendre de telles gens dans leurs ruses, & les faire servir d'exemple tragique & honteux aux siecles suivants ? Enfin n'auroit ce pas été trahir lâchement les interêts de sa conscience, les interêts de l'Eglise, & la gloire de Dieu ?

Il ne faut pourtant pas s'imaginer, que ces vaillans & illustres Defenseurs de la liberté publique ayant combattu à jeu seur. Ils avoient une Puissance formidable en tête, des abîmes à passer pour arriver à cet heureux point de leur delivrance, & enfin tant de dificultés à surmonter, que dans toutes ces épreuves ils se sont rendus la

D                    ter-

terreur de leurs voiſins à l'éclat
de leur grande valeur. On les à
veus dans ce triömphe & dans
cette élevation par la gloire de
leurs armes, que les Roiaumes
voiſins ne ſe croioient pas être
en quelque honneur dans l'art
militaire, s'ils n'avoient fait leur
aprentiſſage chez eux.

Mais de quel œil pourroit on
regarder, & de quel nom pour-
roit-on apeler les Peuples, qui
ſe laiſſeroient ſubjuger, & fouler aux pieds par un Roi électif,
& qui n'a la Puiſſance Roiale
qu'en partie, & encore depen-
dante des Peuples, qui tiennent
le fort des rênes de l'autorité, &
du gouvernement. Je prens
pour exemple l'Angleterre. Le
Roi y a ſans contredit de tres-
beaux caracteres de la vraie
Roiauté, & qui peuvent le faire
regarder comme un veritable,
& grand Roi dans les Païs étran-
gers, qui n'ont pas interèt à
prendre

prendre garde aux droits particuliers des Peuples de chaque
Etat; mais au fond il n'en a que
l'aparence & l'éclat : il est de-
pendant & assujetti aux Loix de
l'Etat, qu'il ne peut changer,
ni alterer sans entreprendre, &
faire dire aux peuples, Nous ne
voulons plus un tel Roi, un tel
Juge, un tel Conducteur, qui
pervertit nos droits. La justice
s'y exerce au nom & en l'autorité du Peuple, bien-loin qu'il
puisse dire, *sic volo sic jubeo, pro
ratione voluntas.* Enfin, en un
mot, sans qu'il soit besoin ici de
faire une énumeration & un état
des droits de Souveraineté reser-
vés au peuple, le Parlement est
son Maître absolu. Il a toute
puissance, & autorité sur lui de
vie & de mort, à son avenement
à la Couronne, & dans son regne. Qu'il ait puissance de vie
& de mort à son avenément à la
Couronne, j'en apelle à témoin

l'an-

l'ancienne Coûtume inviolablement obſervée, qui vent qu'un
Roi ne puiſſe être declaré tel,
qu'il ne ſoit à la Tour, c'eſt-à-
dire en bon François qu'il n'ait
paſſé le guichet, & qu'il n'ait
ſoûmis ſa tête à être coupée, ſi
elle en eſt plus digne, que d'être
couronnée. Que le Parlement
ait encore puiſſance de vie & de
mort en ſon regne, les exemples
ſont des preuves inconteſtables
de cette verité.

Et de fait quoi de plus ſacré à
des Peuples que leurs Coûtumes
anciénes, les Statuts & les Loix
fondamentales de leurs Etats?
Mais encore de quelle ſainte ja-
louſie ne doivent-ils pas ſe ſentir
animés à conſerver leur liberté
naturelle, que Dieu à bien voulu leur laiſſer en main, comme
un gage perpetuel de ſa faveur
toute particuliere; gage d'autant plus rare & precieux, qu'ils
le conſervent encore aujourdhui
en

en son entier, dans un tems, que presque toutes les Nations de la terre vivent, ou sous la servitude de la puissance des Rois absolu, ou dans l'esclavage des Tyrans, & que Dieu n'a pas même épargné son Peuple d'Israël à cet égard. Il est manifeste, qu'il n'y peut avoir de peine réservée contre des Usurpateurs violents des droits & des privileges si sacrés, & inviolables.

On peut avoir veu en Angleterre, comme par tout ailleurs des Rois ambitieux à former des projets pour l'autorité suprême sous pretexte de certains droits de conquête, mais tous ces projets n'ont été que des feuilles mortes, qui tombent au moindre vent. Ce sont des conquêtes faites sous l'autorité du Peuple, & qui par consequent ne regardent que le Peuple, non plus que la conquête de la Judée n'a ja-

mais

mais été cenſée apartenir à Pom-
pée, quoique faite ſous ſa conduite, mais au Peuple Romain,
comme étant faite ſous ſon autorité Souveraine.

S'il ne faloit que de certains
caracteres de la veritable Roiauté, & quelques exploits Heroï-
ques, pour être en droit d'atein-
dre au premier degré de la
Roiauté, le Prince d'Orange
ne ſeroit pas moins en droit de
pretendre cette élevation abſolue ſur les Etats des Provinces-
Unies, que le Roi d'Angleterre ſur ſes ſujets. Il eſt tout
comme lui à la tête de toutes
leurs forces ſur mer, & ſur terre.
Il a le pouvoir comme lui de vie
& de mort à diſpenſer la grace à
des criminels déja condamnés,
qui eſt le plus beau fleuron de la
Roiauté, & le trait le plus vif
de l'image de Dieu en la perſonne des Souverains, & des Rois
abſolus. Et s'il n'a pas un pouvoir

voir ſi étendu en bien d'autres
choſes, s'il ne porte pas le Sceptre, & la Couronne, il à la gloire par ſa propre valeur, & par
celle de ſes Anceſtres, d'avoir
retiré ces bien - heureuſes Provinces d'un eſclavage éternel,
qui leur étoit infaillible ſans lui,
en les arrachant des griffes de
deux divers Tyrans inſatiables,
& les plus cruëls, que la terre ait
jamais portez. Conquêtes in-
comparables! Sceptres glorieux
Couronnes triomphantes & de
plus bel éclat, qui aient peut-
être jamais paru ſur la perſonne
d'une tête Couronné. Mais les
ames belles, genereuſes, & bien
apriſes n'aſpirent jamais à une
dignité contrefaite. C'eſt ici
une élevation, qui part immediatement de Dieu, c'eſt preci-
ſement la place, qu'homme
mortel ne peut prendre, que de
ſa main; & c'eſt un éfet de té-
merité & d'orgueil de pretendre.

D 4      d'y

d'y monter contre ſon gré, &
malgré ſes ordres.

Le Roi d'Angleterre en eſt
même en de tels termes aujourdhui, que quand ſes Devanciers
auroient eu l'autorité ſuprême
depuis la premiere inſtitution,
il s'en trouveroit aujourdhui dé-
pouillé pour la partie la plus
eſſentielle, car il eſt inconteſta-
ble, & la choſe ne ſe pût conce-
voir autrement, qu'un Roi abſolu eſt établi non-ſeulement
pour gouverner les Peuples
pour le temporel, mais encore
pour ce qui regarde le ſervice de
Dieu dans la Religion dominante. Les Juges Eccleſiaſtiques
lui ſont ſujets, comme les Juges
Laïs, & il eſt le Chef également des uns & des autres. Je
dis la Religion dominante, parce qu'autrement il n'y auroit,
ni puiſſance, ni autorité pour la
Religion en lui. Je m'explique
plus clairement par dire, qu'il
n'y

n'y a point de Roi fans puiffance, non plus que de Soleil fans
lumiere. Si Dieu retiroit la clar-
té du Soleil, le Soleil fans doute
cefferoit d'être Soleil, comme
l'homme cefle d'être homme, &
n'eft plus qu'un cadavre, lors que
Dieu a retiré fon efprit. De même un Roi cefle fans doute d'ê-
tre Roi, fi Dieu par une difpen-
fation particuliere de fa providence retire des Peuples toute
l'obeïffance, qu'ils lui doivent,
ou de la plus grande & fainte
partie, de forte qu'il lui foit impoffible de s'en rendre le Maître.
Ce principe ne fouffre pas de dificulté. L'Empire Ottoman nous
fournit même aujourdhui un
fidele témoin de cette verité.
Or ce qui eft vrai en ce cas pour
toutes les deux parties effentie-
les de la Roiauté, à favoir pour le
Temporel & pour le Spirituel,
c'eft auffi conftamment pour l'u-
ne des parties. Si un Roiaume

bien

bien établi, en la plus grande
partie fait profession d'une Religion, & que le Roi en embrasse
une autre, il est visible que Dieu
retire sa puissance de la Roiauté,
ou de la personne d'un tel Roi,
& que ce Roi cesse d'être Roi à
pouvoir contraindre ses Peuples
à suivre son exemple & sa doctrine. Il est seur qu'il en seroit de
même, si un Roi perseveroit
dans la Religion anciene des
Peuples, & que tous les Peuples,
ou la partie dominante en em-
brassat une contraire. Ce fondement est si ferme & inebranlable,
que le Roi d'Angleterre à son
avenement à la Couronne, ne
s'est pas moins engagé à proteger l'Eglise Anglicane, qu'à
gouverner ses sujets selon toutes
les Loix, & Statuts, qui regardent autrement le Roiaume. De
sorte que voilà le Roi d'Angleterre d'apresent le plus limité
& le moins absolu qui ait jamais

mais porté Couronne, & aujourdhui pour son malheur & 
celui de ses sujets, tout puissant à 
faire ce qu'il ne fait pas, & ne 
pouvant rien faire de ce qu'il 
fait.

Mais n'importe, quoi qu'il en 
soit, il faut que le Dragon com-
bate contre Michel, & ses Anges, & que la Bête, qui se trouve revetue de son pouvoir face la 
guerre aux Saints. Il n'y a point 
ici d'autorité suprême, dit le conseil Jésuitique & Monastique, 
il faut pourtant l'avoir. Il n'y a 
point de puissance, & de force, 
mais il n'y a rien qui ne puisse 
réüssir sous la protection du St. 
Père, & de son fils aîné. On 
n'est pas obligé de garder la foi 
jurée aux Heretiques, moins encore un fils les proteger de quelque maniere qu'il l'ait promis, 
& il s'agit ici d'une œuvre mira-
culeuse, il faut couper trancher 
tout ce qui peut s'oposer au pas-

fage; fe declarer foi - même, &
arracher fes propres entrailles,
pour venir à bout d'un fi glorieux deffein.

Reveillés vous gens qui tant
dormés, & ne dormés pas fi fort,
qu'il ne vous fouvienne de la
mort. Vous voila entre les bras
de Dalila, & les Philiftins font
à la porte pour vous garroter.
Reveillés vous de vôtre profon-
de Letargie, tandis que vous en
avez le pouvoir, de peur qu'é-
tant enfin faifis de toutes parts,
vôtre mal ne foit fans remede,
& que vous ne perifliés fans ref-
fource. Le Demon fe gliffe in-
fenfiblement, les enfans de tenebres font bien plus habiles
dans leur generation, que les
enfans de lumiere, & Babilon
fe vante encore aujourdhui de
faire des fignes, & des miracles.
Souvenés vous des éfets finiftres,
que produit le fang & l'efprit de
Rome. Jettés vos yeux fur
Loüis

Loüis XIV. & sur vos freres, que
le Ciel à affligés sous sa domination tyrannique. Regardés vos
Peres sous le regne de Marie.
Voiés si de semblables produc-
tions ne sont pas des coups de
foudre, que Dieu lance dans
l'ardeur de sa plus grande colere.
Prenés garde enfin à tous les
Monstres qui se forment & nais-
sent parmi vous. Ils grossissent à
veuë d'œil. La Bête, la Mere illustre de ces glorieux enfans se
vante déja, qu'ils tiennent le
pied sur la gorge à leur Hidre
pretenduë, & elle en a porté la
renommée par toute la terre.

Si vous avez fait la faute de ne
pas les étoufer dans leur naissan-
ce, n'atendés pas qu'ils se forti-
fient à pouvoir vous devorer
tout à la fois. La chose vous est
d'autant plus aisée, que vous
n'avez encore qu'à faire connoître hautement vôtre volonté, &
dire unanimement, que vous

D 7        voulés

voulés voir fleurir vos Loix, &
l'Eglise Anglicane. Que le Parlement s'assemble malgré le Roi,
puis que le Roi le foule déja aux
pieds, qu'il détruit les uns, &
corrompt les autres pour venir à
ses fins? Que le Peuple se leve,
qu'il dise qu'il ne veut plus un tel
Juge, un tel Conducteur, &
un tel Roi, qui pervertit ses
droits. Que les Evêques & les
Ministres facent ici leur devoir?
Qu'ils se dépouillent de toute
molesse & lacheté? Qu'ils crient
rendés à Cesar ce qui est à Cesar,
mais qu'ils s'écrient avec bien
plus de force, & de hardiesse.
Rendés à Dieu ce qui est à Dieu,
& au Peuple ce qui est au Peuple, car c'en est ici le tems &
l'occasion, à moins que de vouloir renoncer à tous les senti-
mens d'honneur & de conscience, & trahir vilainement les interêts de l'un & de l'autre. Par
cet ordre tout se remuant le Roi
sera

sera bien-aise de remettre toutes choses en leur premier état, & de rétablir dans leurs charges tant de gens de bien qui sont dans l'opression. Autrement que le Parlement se serve de son droit absolu, qu'il donne un exemple à ses descendants. Il n'y aura rien de plus juste qu'un tel procedé selon toutes les Loix Divines & Humaines, & il n'en déja que trop defait, pour qu'il doive tout de bon s'employer à conserver le pouvoir suprême que le Peuple s'est reservé.

Peuples Reformés de quelque ordre que vous soiés, c'est ici un interêt commun, il s'agit principalement de combattre Babilon, qui entreprend de faire de nouveaux prodiges. Son entreprise est extraordinaire, il est vrai, mais elle n'en est pas moins à craindre. Il faut sans doute, que comme le Diable est puissant en inventions, ses machinations

nations soint ici toutes nouvelles
pour vous mieux surprendre.
Bien-loin donc de vous diviser
en cette occasion, courés à une
même fin. Vous êtes les enfants
d'une même famille, que quelque aigreur, quelque parole
mal entenduë a dés-unis. Vous
ne sauriés en saine conscience
vous desavoüer les uns les autres.
Et si c'est l'ordinaire des enfans
du monde, quelques animés
qu'ils soient entr'eux par desque-
relles particulieres, de se rassem-
bler d'abord pour repousser un
outrage fait à quelqu'un d'eux,
qui reiaillit & qui tend à fletrir
toute la parenté, comment est-ce
que vous ne vous assembleriés
pas, du moins pour un tems, à
agir de bonne intelligence contre vôtre ennemi mortel, & qui
de quelque maniere qu'il puisse
se feindre & se deguiser, vous est
si commun, qu'il ne respire qu'à
vous égorger tous également?

Que

tout crie donc ici, & s'empresse
pour la liberté de l'ame, vous
étes d'autant plus obligés à agir
de bon concert, que la tyrannie
qui se forme pour la servitude de
l'ame entraine infailliblement
aussi l'esclavage du corps, à
l'exemple de vos voisins. La
chose ne se fait voir que trop
clairement, & c'est sans doute
l'état le plus lamentable où des
Peuples puissent tomber.

Voules vous avoir des precau-
tions pour réüssir dans vôtre des-
sein avec facilité, & mettre vôtre Roiaume & la Reformation
dans un état glorieux & triom-
phant dans le monde, consultés
vous avec les Etats des Provinces-Unies. Ils se souviendront
sans doute des bons Offices,
qu'ils reccurent de l'Illustre Eli-
sabeth au tems de leur fameuse
delivrance du joug insuportable
des Espagnols, & ils seront bien-
aises, étant conduits par le même
esprit

esprit qu'elle, de vous rendre du moins la pareille. Il n'y a point de fureur de conquête injuste & d'usurpation, qui regne chez eux. Il n'y a rien qu'ils aient tant à cœur, que la paix avec toute la terre, & de vivre en repos. Ce sont vos voisins & vos freres, & il semble que Dieu se soit fait un plaisir à vous dispenser également les mêmes faveurs, & pour le Ciel, & pour la Terre, afin de vous distinguer des autres Nations, & vous faire connoître que vous êtes son Peuple choisi, & vous inviter par là d'autant mieux à une union éternelle. D'où vient donc, que vous voilà plus étroitement liés à la France, qui est vôtre Rebelle, vôtre ennemie inveterée, qui n'a jamais eu de repos, qu'elle ne vous ait entierement arrachés de chez elle, & qui encore aujourdhui malgré toutes ses flateries vous écraseroit, s'il lui étoit possible,

possible, afin que vous ne fuf-
fiés jamais plus en état de lever la
tête contr'elle. C'est là fans doute l'ouvrage de la Bête, qui ne
cherche rien avec tant de paf-
fion, qu'à vous engloutir les uns
& les autres, & qui voit bien,
que la chofe lui eft impoffible, fi
vous agifsés de concert, au lieu
qu'elle lui paroit tres-aifée, &
comme affurée, fi elle peut ter-
raffer l'un des deux à l'écart. Et
de fait il eft vifible, qu'à deta-
cher fes fupots, & à vous combatre feparement, vous ne fau-
ries lui échaper, à moins que le
Ciel s'en mêle, & qu'il face de
nouveaux miracles en vôtre faveur; ce que vous ne devés
pas atendre, fi vous abufés des
voies naturelles qu'il vous pre-
fente.

Mais auffi, fi vous prevenés les
embuches qu'elle vous prepa-
re, & les pieges que vous voyés
bien qu'elle vous tend, & fi vous
faites

faites une aliance inviolable & éternelle, foulant aux pieds quelques petits interêts pour le bien general, & prenant des mesures si justes à l'exemple des Provinces-Unies, qu'une telle aliance ne puisse jamais recevoir d'ateinte mortelle, tant pour le temporel, que pour la pureté du service Divin, vivés alors heureux Peuples favoris de l'éternel, & mille fois plus heureux que le Peuple d'Israël ne l'a jamais été. C'est ainsi que vous serés bien éclairés dans tous vos pas. C'est ainsi que vous serés veritablement veillants à l'abri de toute sorte de surprises. Que l'enfer alors se remuë, & que toute la terre tremble. Vous serés dans une pleine tranquillité. Il n'y aura plus de tems orageux dans vos Contrées. La mer ne s'enflera plus contre vous, elle sera toûjours calme sous vos pieds, & vous sera entierement assu-

assujettie. Les Rois & les Tyrans auront beau vous porter envie, & se debatre à vous ravir la liberté que Dieu vous a si heureusement, & si miraculeusement conservée jusqu'ici. Vous n'aurés jamais d'autre Roi, que le Roi des Rois. Vous vous réposerés doucement sous l'ombre de ses ailes, & sous le Prince de paix, qui vous en faira même les Arbitres, les sages dispensateurs, & comme des Saints Herauts à la porter par toute la terre. C'est ainsi que vos Etats, & l'Eglise seront également glorieux & triomphants jusques à la fin des siecles. Ainsi soit-il, & Dieu par sa grace veuille lui-même mettre la main à cette heureuse aliance.

FIN.

* 9 7 8 2 0 1 3 5 3 0 1 0 1 *